AF 232237

BÉNÉDICTION

DU MONUMENT

DE LA COURNEUVE

LE 9 MAI 1875

(Se vend au profit de l'Œuvre des Prières et des Tombes)

PARIS

IMPRIMERIE CENTRALE DES CHEMINS DE FER

A. CHAIX ET Cie

RUE BERGÈRE, 20, PRÈS DU BOULEVARD MONTMARTRE.

1875

A LA MÉMOIRE
DES SOLDATS FRANCAIS
TUES AU COMBAT
DU BOURGET
LE 21 DÉCEMBRE 1870

Monsieur POUSSIELGUE,

TRÉSORIER DE L'ŒUVRE DES PRIÈRES ET DES TOMBES

———

Je, soussigné,

demeurant à

prie Monsieur Poussielgue de m'adresser un reçu de la somme

de

que je suis disposé à payer *A TITRE DE DON POUR L'ŒUVRE DES PRIÈRES ET DES TOMBES*, contre remise de la présente lettre.

Le   1875.

Monsieur POUSSIELGUE,

Trésorier de l'œuvre des prières et des tombes

27, rue Cassette,

A PARIS

PROLOGUE

CONCERNANT

L'ŒUVRE DES PRIÈRES ET DES TOMBES

Cette intéressante Notice sur la Bénédiction émouvante du monument de la Courneuve a été publiée pour honorer la mémoire des braves qui ont succombé au Bourget, et afin de propager l'*OEuvre* patriotique et chrétienne *des Prières* et *des Tombes* en faveur *des victimes de la guerre.*

Cette grande œuvre a commencé au retour de la captivité ; dix-huit mille cinq cents Français y étaient morts, on ne pouvait laisser sans honneur leurs tombes, et après avoir protégé leurs restes par un signe chrétien, c'était justice de procurer à leurs âmes le bienfait d'anniversaire de messes et de prières. C'est dans ce but que notre OEuvre a fait ériger cent quatre-vingt-six monuments et qu'elle a fondé soixante-cinq anniversaires de messes à perpétuité dans les églises catholiques des villes où nos soldats sont morts. Il ne reste plus en Allemagne un seul coin de terre, là même où il n'est décédé qu'un seul militaire, sans un signe chrétien.

Les Allemands étaient profondément étonnés de cette sollicitude de la patrie absente envers ses pauvres enfants. Voici quelques témoignages qui seront lus avec intérêt.

On lit dans le *Cölnische Volkszeitung*, 15 août 1872 :

« On nous écrit du fond de la Saxe :

» La touchante sollicitude de la France envers ses
» quatre cent mille soldats prisonniers en Allemagne,
» en 1870-71, était vraiment sans exemple dans les
» annales des nations, et le soin qu'elle prend pour
» honorer la mémoire de ses guerriers qui ont succombé
» chez nous, nous pénètre d'une estime encore plus
» profonde.

» Le nombre des villes où ces soldats succombèrent,
» s'élève à près de deux cents. Malgré cela, elle a trouvé
» le moyen de soigner convenablement leurs tombes
» et d'y faire ériger partout un mausolée consistant en
» un socle et une croix monumentale en pierre solide
» et quelquefois en marbre. Elle a constitué dans ce
» but un comité chargé d'exécuter les travaux et de
» solder les dépenses, qui seront considérables.

» On ne saurait trop admirer une nation qui, malgré
» ses ruines, est capable de pareils sacrifices, et on se
» demande involontairement : Que fait donc l'Allemagne
» pour ses soldats qui reposent sur le sol français ? »

Monseigneur Namzanowski, prévôt général des armées, nous disait :

» La France est toujours elle-même ; vous faites là une
» œuvre digne de toute admiration ; pour l'accomplir,
» il faut croire à Dieu, à la résurrection de la chair et
» à l'immortalité des âmes. Un peuple qui garde ses
» convictions, ne saurait périr. »

M. le curé de Schwetzingen (Bade) nous écrit :
« Soyez bénis d'avoir songé aux restes de vos soldats
» inhumés dans ma paroisse ; ils étaient dignes d'un
» souvenir, car tous sont morts de leurs blessures et
» avec la plus admirable patience. Votre œuvre est
» un bon exemple et fait honneur à la France. »

M. le curé Plank, de Freising, nous écrivait : « J'é-
» prouve une joie extrême du soin que vous prenez
» pour la mémoire de vos morts, j'admire la générosité
» intarissable de votre pays, et je ne crois pas qu'il y
» ait au monde une nation qui donne l'exemple de
» pareils sacrifices. Dieu le rendra à la France en lui
» restituant son antique renommée. »

Nous pourrions continuer les citations, mais nous
devons ajouter que la création de ces monuments pro-
tége aussi nos pauvres victimes contre l'oubli. Nos
correspondants nous apprennent en effet chaque année
que, le 2 novembre, les pieux fidèles vont s'agenouiller
au pied de nos croix et associer nos chers défunts à
leurs prières.

A Francfort-sur-Oder, je fus surpris du soin qui
entourait les tombes de nos morts ; j'appris que c'était
une pauvre veuve qui se chargeait de ces décorations,
en reconnaissance des soins accordés à la fosse de son
mari, tué en France.

Ailleurs, un curé prenait l'engagement de célébrer
chaque année une messe pour un pauvre soldat qui
s'était noyé dans le Danube en fuyant ses geôliers.

Sur les champs de bataille de Wœrth, où l'Œuvre
a fait ériger plusieurs monuments, j'ai pu constater le
même culte persévérant toujours.

C'était le 6 août 1874, anniversaire de la bataille ; je me trouvais auprès du mausolée des cuirassiers de Reichshoffen ; les paysans d'Alsace arrivaient nombreux pour y déposer des couronnes et leurs prières ; je fus frappé surtout de l'attitude recueillie de deux jeunes filles qui priaient silencieusement ; de grosses larmes coulaient de leurs yeux.

Peut-être, me disais-je, pleurent-elles un frère. « Que » faites-vous là, mes enfants ? leur demandai-je. — » Nous prions, répondirent-elles, pour nos défenseurs » les cuirassiers, qui ont été tués ici. — Vous n'avez » pas perdu de parents ? — Non. — Pourquoi donc » pleurez-vous ? — Ah ! c'est qu'en nous agenouillant » au pied de ce monument, il nous semble que nous » sommes à nouveau sur la terre de France....... »

Aux âmes bien nées que la Patrie est chère !

» On ne connaît bien la valeur d'une mère que » lorsqu'elle n'est plus. »

Ces traits racontent éloquemment combien l'OEuvre des Tombes et des Prières répond à un sentiment religieux et patriotique ; Mgr l'évêque d'Orléans avait donc raison de l'appeler dès le début *une OEuvre nationale, patriotique, digne d'être comprise et encouragée par toutes les intelligences élevées.*

En mettant la dernière main à notre OEuvre à l'étranger, nous ne pensions pas que nous aurions à nous occuper des champs de bataille en France. Toutefois, nous devons rendre justice aux sentiments généreux qui survivent, chez nous, à tous les désastres : les municipalités et les individus ont fait, de Metz à Loigny, de Belfort au Mans, d'immenses sacrifices afin d'assurer le respect aux tombes de nos défenseurs et d'affirmer les espérances immortelles qui planent sur leurs restes.

Mais nous avons le devoir de signaler qu'il reste encore beaucoup à faire.

En ce qui concerne l'Œuvre des Prières, depuis cinq ans, la France nous offre le plus consolant spectacle. A l'anniversaire des batailles, dans toutes les paroisses où des engagements ont eu lieu, et dans un grand nombre de diocèses, des services funèbres présidés par nos évêques appellent au pied des saints autels, dans une commune et touchante prière : le peuple, le sacerdoce et l'armée.

Il y a là un mouvement fécond en enseignements réparateurs ; contre les négations impies du matérialisme, ils affirment l'immortalité de l'âme, la nécessité de la prière pour les morts ; et contre les doctrines perverses qui avilissent l'*uniforme* du soldat, ils entourent d'une auréole d'honneur la mémoire du défenseur qui succombe pour son pays. En décernant au combattant des monuments grandioses, des prières ferventes et des louanges éclatantes, nous relevons la dignité de la vocation militaire ; nous apprenons au monde qu'il n'y a pas d'honneur qui puisse égaler le dévouement du soldat qui meurt pour sa patrie, et nous faisons revivre, contre la lâcheté et l'égoïsme, la devise antique : *Dulce et decorum pro patriâ mori*.

Il est donc urgent de continuer en France l'Œuvre couronnée de succès en Allemagne :

1° En procurant un signe chrétien et des soins convenables aux divers *tumulus* des champs de bataille où rien encore n'a été fait, et qui se trouvent dans un délabrement humiliant;

2° En fondant des anniversaires de messes dans les paroisses où des combats ont eu lieu, et dans les principales villes de France;

3° En demandant enfin au clergé français, même dans les plus petites paroisses, le plus de messes possible ou des anniversaires.

Par les messes célébrées de suite, nous venons promptement en aide aux âmes de nos chers défunts; par les anniversaires à perpétuité, nous procurons le même bienfait dans l'avenir aux *soldats français* mourant pour leur patrie.

Notre intention formelle est que ces prières s'appliquent aux victimes de nos guerres sans distinction de temps dans le passé et l'avenir. Ainsi, le culte de nos morts unirait le peuple, le clergé et l'armée, et son action salutaire s'étendrait, dans l'unité des âmes, sur les vivants comme sur ceux qui ne sont plus.

Notre Œuvre a été encouragée par un très-grand nombre de nos archevêques et évêques (1); nous espérons que d'autres adhésions s'ajouteront bientôt à celles déjà obtenues. Messieurs les aumôniers militaires seraient bien placés pour constituer l'Œuvre, avec l'agrément de leurs évêques, dans la plupart des garnisons.

---

(1) NN. SS. les archevêques et évêques de Paris, Cambrai, Auch, Besançon, Bourges, Orléans, Perpignan, du Puy, du Mans, de Rodez, Verdun, Saint-Claude, Montpellier, Nîmes, etc.

Pour le Midi, les offrandes pourront être adressées à M. Charles Saint-Pierre, vice-président de l'Œuvre, à Cette (Hérault) ; au R. P. Hermann, des Prémontrés, à Tarascon-sur-Rhône,

A Paris, chez M. Poussielgue, trésorier, rue Cassette, 27 ; ou chez M. Lermigny, rue de Verneuil, 32.

Nous avons l'intime confiance que nos efforts seront appuyés par tous les cœurs vraiment français, et que les âmes charitables s'estimeront heureuses de verser, en faveur des morts de la patrie, l'obole de la reconnaissance.

J. JOSEPH,

Président du Comité de l'Œuvre des Prières
et des Tombes.

Le 3 juin 1875.

BÉNÉDICTION

DU

MONUMENT DE LA COURNEUVE

LE 9 MAI 1875

Un tumulus grossier s'élevant en dehors du cimetière de la Courneuve et surmonté de quelques croix en partie détruites, indiquait seul le lieu de sépulture des soldats français relevés sur le champ de bataille du Bourget le 21 décembre 1870.

On ne pouvait regarder celte sépulture sans être pénétré d'un sentiment de profonde tristesse à la vue de son état d'isolement et d'abandon. Cette vue était surtout pénible aux habitants de la Courneuve et aux membres du Comité sectionnaire de Saint-Denis de la Société de secours aux blessés. Ils obtinrent de M. le préfet de la Seine l'autorisation de réunir au cimetière le terrain où se trouvaient inhumés sans honneur de généreux défenseurs de la patrie. Le comité de l'Œuvre des Tombes des soldats français morts en captivité mit à leur disposition toutes les sommes reçues à Paris et, grâce à une souscription qui fut de suite couverte, ils purent confier à M. Brodin, architecte à Saint-Denis, le soin d'ériger un monument semblable à ceux qui ont été placés en Allemagne sur les tombes de nos soldats.

Ce monument fut érigé au centre même du cimetière; entre les deux tombes les plus vénérées de la commune, celle de M. l'abbé Fieschi, qui avait été pendant quarante ans curé de cette paroisse, et celle d'un ancien maire, M. Duhamel. Il se compose d'une croix en granit, de deux mètres de hauteur, reposant sur un socle monumental. Sur la façade principale, qui regarde l'entrée du cimetière, on lit : *A la mémoire des soldats français tués au combat du Bourget, le 21 décembre 1870. Et nunc meliorem patriam appetunt.*

Sur la face opposée : *Monument élevé par leurs compagnons d'armes, les habitants de la Courneuve, l'Œuvre des Prières et des Tombes, et le Comité sectionnaire de Saint-Denis de la Société de secours aux blessés.*

Sur l'une des faces latérales : *Soldats tués dans l'intérieur du Bourget, inhumés le 30 décembre 1870. Fusiliers marins : Barile, Guillaume, XXX, Le Bourhis, Morel, Roussinet. — 138ᵉ régiment de ligne : Lelorge, Combe, XXX, Lalanne, Obry, Abertini, Curmet, Delahaye, Drouet, Dumesme, Poulin, Saunier, Vincent, XXX.*

Sur l'autre face latérale : « *Soldats relevés sur le champ de bataille et inhumés le 22 décembre 1870, 134ᵉ régiment de ligne : Leclerc, Bel, Bouttoleau, Brunet, Carlottie, Chalamel, Cheirel, Gréach, Feidel, Mortier, Rodez, Soulasse, Thadée, Thonot. — Francs-tireurs : Vogely, caporal; XXX, sergent XXX.*

La bénédiction de ce monument a eu lieu le dimanche 9 mai, au milieu d'une affluence considérable qui a été évaluée à près de cinq mille personnes.

Le temps était beau; le soleil, brillant dans un ciel sans nuages, dardait ses rayons sur la foule qui se déroulait comme un long serpent sur la route. Presque tout le monde allait à pied. Aux abords du cimetière, l'affluence était telle que la circulation était devenue impossible aux voitures. C'est à quatre heures que le cortége a quitté la mairie pour se rendre au cimetière.

En tête marchait un détachement de pompiers de Saint-Denis, puis venaient les Sociétés de secours mutuels, bannières en tête, M. l'abbé Mamet, curé de la Courneuve, le clergé précédé de la croix, l'amiral La Roncière Le Noury, accompagné du général Schramm, du comte de Mun, capitaine de dragons, représentant le gouverneur de Paris ; du général Hanrion, gouverneur de l'École militaire de Saint-Cyr ; de M. le commandant Vigne et de M. le lieutenant Foug ; le général commandant la place de Saint-Denis avec une grande partie des officiers de la garnison, des forts de l'Est et de la Briche ; M. Faleret de Tuite sous-préfet de Saint-Denis, les membres de la Société de secours aux blessés ayant à leur tête M. le comte de Beaufort, les membres du comité sectionnaire de Saint-Denis, M. le juge de paix de Saint-Denis ; les maires et les adjoints de Saint-Denis, du Bourget, d'Aubervilliers, de Stains, de l'île Saint-Denis, M. Bordier, maire de la Courneuve, entouré de tous les membres du Conseil municipal. Un bataillon du 118ᵉ de ligne faisait la haie.

Au moment où le cortége est entré dans le cimetière, les fanfares ont éclaté ; l'orphéon de Saint-Denis a exécuté un air funèbre. Puis l'amiral La Roncière s'est approché du monument et a prononcé le remarquable discours qu'on va lire, et qui a été interrompu à plusieurs reprises par les applaudissements de la foule.

Messieurs,

Si la cérémonie qui nous réunit aujourd'hui est tardive, elle ne démontre pas moins combien vous êtes attachés au culte des morts, et combien sont encore présents à votre esprit les terribles événements dont nous avons été témoins sur les lieux mêmes où nous sommes aujourd'hui assemblés.

Ce modeste village de la Courneuve, objectif préféré de l'ennemi, a, en effet, seul entre ceux des environs de Paris, subi un bombardement persistant, dont les effets destructeurs n'ont pas encore tous disparu, et qui a nécessité de la part de nos troupes qui y séjournaient, des travaux de défense qui en augmentaient encore les ruines.

Ces morts, dont nous venons ici honorer la mémoire, n'appartiennent pas à cette contrée. Peu importe où ils ont vu le jour ; la commune de la Courneuve, modeste par ses moyens, mais vaillante par ses aspirations, considère en eux de braves et malheureux défenseurs de la patrie ; elle a voulu réunir leur dépouilles dispersées, et comme s'ils étaient des frères, elle leur a donné une place d'honneur dans son cimetière. Dans ce but, elle n'a pas hésité à s'imposer des sacrifices pour ainsi dire disproportionnés à ses ressources.

Ces sacrifices, Messieurs, sont des titres d'honneur ; le culte des morts est la base de toutes les religions. Dieu, qui sonde nos pensées, qui distingue le juste de l'injuste, vous saura gré de ces sacrifices désintéressés. Ils vous sont inspirés par le sentiment chrétien que, dans votre jeunesse, vous avez puisé au sein de votre famille. Ce sentiment, Messieurs, les péripéties de la vie, les jouissances comme les douleurs l'étouffent quelquefois, mais il revit presque toujours en face de la mort. Nous en avons ici un exemple éclatant dans l'affluence qui se presse autour de ces tombes.

Affaiblis par une grande prospérité, imbus d'une extrême présomption, dans les désastres qui nous ont accablés, la virilité nous a manqué ; la discorde a fait le reste. Mais nous n'avons point à désespérer ; nous avons devant nous le travail et l'exemple pour corriger et refaire notre caractère national. Le travail, il est ici, partout sous nos yeux ; cette plaine réunit en effet, en grand nombre, ces vaillants ouvriers dont les riches productions se répandent dans le monde entier.

Nous y voyons l'agriculture, sous ses formes les plus perfectionnées, une horticulture pleine de sollicitude qui alimente Paris de ses primeurs les plus recherchées.

L'exemple, il est ici près de moi.

Qui n'honore, en effet, ce vieux général (1), l'un des derniers survivants de ces armées de héros qui ont parcouru l'Europe à la suite du grand capitaine et du grand administrateur dont le nom franchira les siècles ? Et quel regret que son âge ne lui ait pas permis de venir nous ranimer de ce souffle ardent qui poussait les guerriers de cette glorieuse époque à ces grandes actions légendaires qui enthousiasmaient notre jeunesse ! (Marques d'approbation.)

Et à côté de cet exemple des vertus guerrières, nous avons l'exemple des vertus civiques dans ce modeste citoyen (2)

---

(1) Le général de division Schramm.
(2) M. Hippolyte Salle.

que vous êtes accoutumés à voir à la tête de toutes les bonnes actions, et qui est dans cette contrée l'initiateur de toutes les œuvres méritoires. Nous avons tous le souvenir de ses efforts pendant le siége, pour venir en aide à ses concitoyens, et qu'il me permette de lui donner ici un témoignage public de reconnaissance pour l'assistance qu'il m'a prêtée, non moins par ses conseils que par ses actes, à l'époque où j'avais l'honneur de commander le corps d'armée de Saint-Denis (Marques d'approbation).

Ce monument, messieurs, nous rappelle de nobles victimes: Morand, Pelletreau, Duquesne, Laborde, Wyts, Patin, Bouisset, ces intrépides marins; et Jenny, et Charpentier, et ce modeste frère Néthelme, et tant d'autres plus obscurs, peut-être, mais non moins braves et non moins regrettables. Et je vois près de moi un honorable général (1) pour lequel cette cérémonie doit, hélas! raviver une bien poignante douleur.

Ces tombes, messieurs, ne sont pas les seules, hélas! qui aient été élevées à des soldats français, non-seulement dans notre patrie, mais aussi dans des pays lointains. De dignes citoyens sont allés, dans ces contrées éloignées, réunir les dépouilles de nos malheureux prisonniers et marquer la place de leur sépulture. Vous entendrez tout à l'heure l'un de ces nobles ecclésiastiques (2) dont nous ne saurions assez honorer la pieuse initiative.

Les souvenirs qui s'imposent ici, évoquent le recueillement, et rappellent notre âme émue aux sentiments de nos devoirs; nous qui avons survécu à ces chers martyrs, et en présence de ce monument, la pensée qui traverse notre esprit, c'est celle de rechercher les causes de nos désastres et,

---

(1) Le général Hanrion.
(2) Le Père Joseph.

en même temps, d'imposer au monde par notre attitude patiente et pacifique. Il faut savoir être vaincu. Quelle que soit la définition du gouvernement qui nous régit, donnons sans réserve notre concours à l'illustre Président de la République, afin qu'avec l'aide de Dieu il nous inspire la sagesse salutaire qui est l'objet des vœux de tous les citoyens français. (Applaudissements.)

Après ce discours, le cri de : « Vive la France ! » s'est échappé spontanément de toutes les poitrines ; l'amiral a serré à deux reprises la main du général Schramm, qui avait peine à contenir son émotion.

Le père Joseph, président de l'Œuvre des Prières et des Tombes des soldats français morts en captivité, prit ensuite la parole en ces termes :

MONSIEUR L'AMIRAL,

Je suis ému des paroles éloquentes et patriotiques que vous avez trouvées dans votre cœur pour retracer les douleurs de la défense autour de Paris et de Saint-Denis. Soyez béni d'avoir uni ces deux sentiments qui ne devraient jamais se séparer dans le cœur du citoyen : l'amour de Dieu et l'amour de la patrie ! vous l'avez fait éloquemment.

En ce moment, messieurs, je ne puis exprimer qu'un souhait, c'est que tous les cœurs qui aiment leur patrie puissent aimer Dieu en même temps ; car quiconque ne l'aime pas, est condamné à voir tarir dans sa source l'amour même de la patrie, le premier et le dernier après celui de nos mères.

Si je suis appelé à l'honneur de porter la parole sur les

tombes qui renferment les saintes et nobles victimes du devoir, c'est parce que je représente une œuvre que vous venez d'honorer de vos éloges : l'*Œuvre des Tombes et des Prières pour les soldats morts en captivité.*

Moi-même, prisonnier volontaire après le siége de Strasbourg, j'ai suivi nos infortunés soldats sur la terre étrangère, et après les avoir vus sanctifier leurs souffrances et leur mort j'ai senti que c'était une dette de justice de placer sur leurs restes une pierre qui rappelât la France, et un signe qui affirmât la foi du chrétien.

L'œuvre est accomplie.

Nous avons perdu en Allemagne environ 18,500 soldats ; nous avons érigé sur leurs tombes 186 monuments ; et comme nous sommes avant tout des hommes de foi, nous avons fondé aux lieux mêmes où ils sont morts, 65 anniversaires de messes et de prières, afin qu'à côté du signe matériel qui honore les restes mortels de la victime tombée, il y ait la prière permanente de la reconnaissance qui monte, pour son âme, vers le trône de la miséricorde.

Mais pourquoi ne ferions-nous pas pour les héros qui ont succombé sur le sol natal ce que nous avons réalisé pour leurs frères ? Ici, sur cet immense champ de bataille, à Saint-Cloud, à Stains, à Ville-d'Avray, en tant d'autres lieux de France dont les noms m'échappent ? Pourquoi ne pas fonder dans les églises qui abritent leurs restes, et dans tous nos diocèses, des anniversaires de prières qui acquittent une dette de reconnaissance envers les morts, et qui soient à la fois un enseignement pour les vivants ?

Ici même, un devoir plus impérieux nous le commande. Nous n'avons qu'à nous rappeler le dernier vœu exprimé par l'Amiral, le 28 janvier 1870. « Le souvenir de la marine
» à Saint-Denis ne s'effacera pas, je l'espère, de la mémoire
» de ses habitants. Là, comme partout sur notre passage,
» nous laissons de nombreuses victimes, dont les restes mor-

» tels sont confiés à la garde de la population qui a admiré
» leur courage et leurs nobles sacrifices (1). »

Dans ces temps troublés, où nulle chose n'est plus à sa
place, ni l'homme, ni Dieu, c'est du culte des morts pour
les grandes victimes du dévouement à la patrie, que je vou-
drais faire jaillir la résurrection et la vie.

Mais que signifie ce culte envers les morts s'il n'y a pas
l'immortalité de l'âme et s'il n'y a pas le ciel qui rend au
défenseur mort pour son pays le sang versé, et au chrétien
fidèle la récompense d'une vie courageuse?

Et l'immortalité de l'âme et le ciel ne sont que de vains
mots si je ne reconnais un Dieu qui a tout créé et un lien
qui m'unit à lui.

Ce lien, messieurs, c'est la religion.

Elle est également nécessaire à l'individu, au foyer domestique, à la patrie. Ce ne sont pas seulement les Écritures et
l'Évangile qui en proclament l'impérissable nécessité; les plus
puissants empires, Rome et Athènes, l'avaient compris, et
Plutarque écrivait avec raison sur la première page de son
histoire : « Il est plus facile de bâtir une ville dans les airs
» que de fonder un État sans religion. »

Eh bien, cette utopie d'un *État sans religion*, on a voulu
la réaliser en France; il se rencontre dans notre pays des hommes qui, à force de sophismes et de préjugés, tentent de ruiner cette vérité élémentaire des siècles. Je n'accuse ni leur dévouement, ni leur patriotisme, mais je dois affirmer qu'ils font
une œuvre malsaine. Une nation ne s'improvise pas : elle
vit de ses traditions, des vertus de ses ancêtres, de la séve
où elle a puisé son origine. Traditions, vertus, séve du
peuple franc, où êtes-vous ? — Vous êtes dans le baptême

---

(1) Voir cette lettre de l'Amiral La Roncière Le Noury au maire de
Saint-Denis, à la fin de cette notice.

de Clovis, dans l'oriflamme de Saint-Denis, dans la bannière de Jeanne d'Arc. Vous êtes dans l'Église catholique qui a fondé ma patrie, inspiré ma mère, qui donne au citoyen d'être vaillant et au soldat de mourir en héros.

Mais dans quel siècle vivons-nous pour voir ruiner ce qui constitue la puissance et la fécondité d'un peuple ? Quelles sont les hautes raisons dont on s'autorise pour conduire ce travail perfide ?

Il y a, je l'ai dit, des préjugés et des sophismes. Je ne jette l'insulte à personne ; mon ministère est un ministère de miséricorde et de paix. Enfant du peuple et fils de l'ouvrier, je ne suis pas l'ennemi du peuple à qui je consacre mes forces et ma vie. Et présentement, je parle aux enfants du peuple, aux fils de l'atelier, aux vaillants champions du travail qui gagnent leur pain à la sueur de leur front. « Quelles sont les raisons pour lesquelles on attaque les institutions de votre baptême et de votre première communion ? »

On nous dit : « Vous êtes des cléricaux! »

Savez-vous bien ce que c'est que le cléricalisme ? ce qu'est un clérical?

Eh bien, je vais vous le dire : Un clérical est un homme qui choisit Dieu pour son partage et pour son héritage.

Quel est donc le Français qui pourrait rougir d'un tel choix? Dieu n'est-il pas votre maître? De quel droit le dépouillez-vous de son domaine ?

Ne voyez-vous pas qu'en faisant la guerre à ce que vous appelez le cléricalisme, vous détruisez le règne de Dieu en ce monde, la base, par conséquent, de toute autorité?

L'apôtre saint Paul l'a promulgué : « Toute puissance vient de Dieu.» Un général doit être maître dans son armée, un amiral dans sa flotte, un chef d'État dans le pays dont il porte la responsabilité ; un patron doit être maître dans son atelier, un père de famille au foyer domestique. Si Dieu est à la base de tous les degrés hiérarchiques, il y aura l'autorité d'une part, la soumission de l'autre; il y aura l'ordre, la prospérité et la paix; sinon il y aura l'anarchie, qui mène fatalement à la mort le peuple le plus robuste et le plus fort.

Qu'on ne se fasse donc pas d'illusions : dans cette guerre contre ce que l'on est convenu d'appeler le cléricalisme, c'est l'idée même de Dieu qui est en péril. Voilà pourquoi tout homme qui sent un cœur battre dans sa poitrine doit réagir contre ces attaques où l'on ne voit en apparence que des mots, mais dont le but manifeste est le renversement des institutions essentielles à la vie d'un peuple.

Je ne puis tout énumérer; mais il est un autre préjugé que je dois signaler encore.

Vous êtes, dit-on, « le droit divin ».

Eh bien, qu'est-ce que le droit divin?

Messieurs, le droit divin, c'est le droit de Dieu dans l'humanité, dans la nature, et laissez-moi vous le dire : c'est le droit de Dieu dans la patrie.

Ah! gravez ces paroles dans vos âmes et vos souvenirs : le droit divin, c'est le Décalogue !

C'est la loi éternelle qui, depuis six mille ans, préside aux destinées du monde : « Vous adorerez le Seigneur votre Dieu ; vous ne blasphémerez pas; vous sanctifierez le jour du Seigneur; pauvres ouvriers, vous ne serez pas les esclaves du travail du dimanche ; — hommes de liberté, vous prendrez un jour sur sept pour le repos de votre corps et de votre âme; vous honorerez votre père et votre mère ; vous respecterez le bien d'autrui, vous n'attenterez pas à sa vie; vous garderez, dans sa sainteté, l'honneur du lit nuptial; vous repousserez de votre esprit la pensée même du vice, parce que l'homme de la débauche ne tarde pas à devenir l'homme du tombeau. »

Tel est le droit divin! Qu'y a-t-il là qui soit contraire au peuple et à la société?

C'est à l'enseignement de ce droit que j'ai voué ma vie. C'est l'Église catholique, ma mère, qui en est l'inflexible gardienne, et la France, j'en ai la conviction, ne vivra pas sans ce code immortel qui lui a donné tant de siècles de prospérité et de gloire, et dont le malheureux abandon a été la vraie cause de ses douloureuses tristesses et de ses cruelles défaillances. Puissions-nous y revenir, messieurs, et notre pays redeviendra ce qu'il était autrefois, selon la parole d'un vieil historien : « le plus beau royaume après celui du ciel ! »

En remerciant M. l'Amiral du concours qu'il a daigné prêter à cette émouvante cérémonie, je sens un besoin de rendre un hommage particulier à ce vaillant corps de la marine qu'il représente ici, qui a fait si noblement son devoir partout, et notamment dans ces vastes plaines où tant de braves ont succombé. Souvent, au siége de Strasbourg, j'ai recueilli leurs confidences avec leur dernier soupir, et j'ai toujours vu que, sous une enveloppe de bronze, ils portaient un cœur tendre comme celui d'un enfant. Cet hommage, déposons-le, messieurs, sur la tombe de tous les vaillants qui ont versé leur sang sur cet immense champ de bataille. Et avant de terminer, permettez-moi de faire un dernier et chaleureux appel en faveur de cette *Œuvre des Prières* pour les victimes de nos désastres, et qui doit perpétuer notre reconnaissance à tous les horizons de la patrie. Ne les oubliez pas, ils ont donné pour vous ce que l'homme a de meilleur : leur sang et leur vie; il n'est pas de sacrifice plus grand ! Avec leur mémoire et leur foi, gardez le culte de la patrie, que Tertullien appelait déjà de son temps : « la *religion de seconde majesté.* »

Qu'est-ce en effet que la patrie? On a dit avec justesse *qu'elle est le prolongement de la famille.* J'irai plus loin.

La patrie, c'est mon père, ma mère; c'est l'église où j'ai été baptisé et où j'ai fait ma première communion, c'est le cimetière où reposent mes ancêtres. La patrie! c'est le sol qui alimente ma vie, c'est l'histoire qui ennoblit mon nom et ma nationalité, c'est le chemin qui conduit à l'immortalité; car il n'y a pas de patrie du ciel, s'il n'y pas la patrie de la terre, qui en est l'image et la route. Et quand cette patrie est malheureuse et qu'elle s'appelle la France, que ne devez-vous pas faire pour elle! Ah! messieurs, aimez-la et servez-la par l'abnégation, le désintéressement, la religion et la pratique des vertus chrétiennes. Cette conquête pacifique dans le devoir accompli est la plus solide, la plus durable; elle ne vous sera jamais ravie.

Ce discours fut souvent interrompu par de chaleureux applaudissements.

Enfin, un lieutenant de francs-tireurs, M. Tondeur, a adressé en termes émus un suprême adieu à ses frères d'armes.

Le monument a ensuite été bénit par M. l'abbé Caron (1), grand vicaire du diocèse, archidiacre de Sainte-Geneviève, qui remplaçait S. E. l'archevêque de Paris. M. l'abbé Caron était entouré d'un grand nombre de chanoines de Saint-Denis, de M. l'abbé Granjux, curé de Saint-Denis et de tous ses vicaires, des curés d'Aubervilliers, d'Épinay et du Bourget, de l'Ile-Saint-Denis et de Stains, et de M. l'abbé Bonhomme, premier vicaire de Saint-Vincent-de-Paul, ancien aumônier du fort de l'Est.

---

(1) Le 22 et le 30 décembre 1870, M. l'abbé Caron, alors curé de Saint-Denis, était venu, à cette même place, pour réciter les prières des morts et bénir des tombes.

Le Choral de Saint-Denis a entonné un hymne sacré auquel sont venus se mêler les décharges d'une pièce de canon placée à l'entrée du cimetière. Le cortége s'est rendu à l'église, où un salut solennel a été célébré.

Des couronnes ont été déposées au pied du monument par M. Artus, adjoint au maire de la commune, par les présidents des Sociétés de secours mutuels de Saint-Denis, de la Courneuve, d'Aubervilliers, ainsi que par les commandants des pompiers de Saint-Denis, de Stains, du Bourget, d'Aubervilliers et de la Courneuve.

Une quête faite à la porte du cimetière par Madame Ollier et Mademoiselle Artus pour l'œuvre des Prières et des Tombes a eu pour résultat d'assurer dans les églises de Stains, du Bourget et de la Courneuve, des fondations de messes destinées à perpétuer le douloureux, mais glorieux souvenir du 21 décembre 1870, et à ouvrir à nos braves soldats cette *patrie meilleure* qui doit être le prix de leur généreux sacrifice : c'est le plus excellent tribut de reconnaissance qui puisse leur être offert ; puisse-t-il l'être bientôt dans tous les lieux où a coulé le sang français !

Les sœurs de Saint-Vincent-de-Paul qui, pendant tout le temps de la guerre, avaient prodigué à nos soldats blessés et malades leurs soins les plus dévoués, ne pouvaient manquer à cette touchante cérémonie ; à la tête des élèves de l'Orphelinat de Saint-Denis, auxquelles elles servent de mères, elles vinrent, les dernières, s'agenouiller au pied du monument, et sur leur signal, les orphelines entonnèrent en chœur le De Profundis, chant sublime du deuil et de l'espérance ;

ce chant, exécuté avec un ensemble parfait et un sentiment profond de foi et de piété, mit le comble à l'émotion générale, et tous les assistants, se mettant à genoux, mêlèrent leurs voix et leurs prières à celles de ces jeunes filles, si dignes interprètes de leurs sentiments unanimes.

Lettre de l'Amiral de La Roncière Le Noury citée par le Père Joseph.

Saint-Denis, 28 janvier 1871.

Au maire de la ville de Saint-Denis.

Monsieur le maire,

J'ai lieu de craindre que, dans les stipulations qui ont pour but le ravitaillement de Paris, l'occupation par l'ennemi de toutes les localités qui forment la banlieue de la capitale, ne soit une des conditions obligées. Ce n'est pas sans un vif regret que je verrais la ville de Saint-Denis comprise dans cette mesure.

La grande majorité de la population, en effet, contrairement à ce qui s'est passé sur beaucoup de points, n'a jamais quitté la ville. Particulièrement dans le terrible bombardement que nous venons de subir, la plus grande partie des habitants a tenu à honneur de ne pas abandonner ses foyers, et sa vaillante attitude n'a pas peu contribué à l'ardeur de la défense.

C'est donc avec conviction que je joins mes vœux à ceux de vos compatriotes pour que la ville ne subisse pas l'occupation ennemie. Une telle exemption serait un juste hommage rendu à la valeur des habitants, et nul ne pourrait s'en applaudir plus que celui qui, encouragé lui-même par un tel spectacle, a été le témoin de l'abnégation dont ils donnaient une si éclatante preuve.

Si, contrairement à vos vœux et aux miens, Saint-Denis était condamné à la juste douleur d'une occupation, permettez-moi, Monsieur le maire, d'engager vos administrés à contenir cette douleur, et à montrer, dans ce grand désastre, une attitude aussi calme que digne. J'ai assez appris à les connaître pour espérer qu'ils ne marchanderont pas ce nouveau sacrifice au salut de la patrie.

Le souvenir laissé par la marine à Saint-Denis ne s'effacera pas, je l'espère, de la mémoire de ses habitants. Là, comme partout sur notre passage, nous laissons de nombreuses victimes dont les restes mortels sont confiés à la garde de la population qui a admiré leur courage et leurs nobles sacrifices.

Recevez, etc.

Signé : DE LA RONCIÈRE LE NOURY.

IMPRIMERIE CENTRALE DES CHEMINS DE FER. — A. CHAIX ET Cⁱᵉ,
RUE BERGÈRE, 20, A PARIS. — 6826-5.